حوار مع

القيادي الإخواني

الدكتور سيد عبد الستار المليجى

حاوره/ ممدوح الشيخ

الكتاب: حوار مع القيادي الإخواني

الدكتور سيد عبد الستار المليجي

المؤلف: ممدوح الشيخ

عبارات من الحوار

التنظيم السري يسيطر على الإخوان..ويحلم بالصدام..ويؤمن بجاهلية ما عداه

4

القاعدة الإخوانية تسمع من أذن واحدة هي الأذن "التنظيمية"

الخلاف الحالى هو نفسه الخلاف القديم بين التنظيم السري وبين الجماعة وهياكلها المعلنة

مكتب الإرشاد الحالى يمثل التنظيم السري ولا يمثل جماعة الإخوان وجاء جله بتزوير الانتخابات

التنظيم السري له عقيدة تقوم على "إسلامية التنظيم" وجاهلية ما عداه

5

في عام 1965 تحول سيد قطب من مفكر إسلامي مرموق لقائد ميليشيا تريد قتل الرئيس

المجموعة التي بنت الإخوان حديثا "مجموعة السبعينات" خدعت في التنظيم السري خدعة كبيرة

ما أشيع أنه برنامج لحزب الإخوان ما هو إلا انعكاس لعقلية التنظيم السري

أعضاء ميليشا الأزهر تابعون لإخوان التنظيم السري الجدد

الجماعة الآن في صراع داخلي ولا يوجد مفترق طريق... فطريق الجماعة واضح جدا

المرشد أحد أعضاء التنظيم السري... وهو كان أكثر حكمة منهم في إخفاء الوجه القبيح لسيطرة "التنظيم" على الجماعة

باستثناء محمد حبيب وعبد المنعم أبو الفتوح كل أعضاء مكتب الإرشاد من التنظيم السري فكرا وتنظيما وهم إقصائيون

محمد علي بشر بدأ مع التنظيم السري لكنه ليس مقتنعا بطريقته.. وهو معتدل لكنه تورط معهم

من أفكار التنظيم السري أن الأمور يجب أن تدور في حلقة مغلقة ما سواها مجرد غطاء

التنظيم السري على مستوى الممارسة سلك كل الطرق غير الإسلامية ليسيطر... وبخاصة على الأموال

8

التنظيم السري لا يثق مطلقا فى العمل المؤسسى ولا القانونى ولا الحزبى ولا السياسى

مصطفى مشهور أسس تنظيما سرياً داخل جماعة الإخوان.. ..وهو التنظيم الذي استولى على مكتب الإرشاد

التنظيم السري الجديد استمرار للتنظيم القديم.. ..مع التخلى – مؤقتاً – عن فكرة السلاح

التنظيم السري يقول لأعضائه عن الدولة: ''لا تكن خلية حية في جسد تبتغي هدمه''!!

الإخوان جماعة عالية الصوت ولم تشارك في أي عمل وطني مرموق بسبب التصرفات المجنونة للتنظيم السري

مشهور قال لي: ''لعبة التنظيم الدولي مجرد وسيلة لكي أستطيع الوصول للجيل التالي من الإخوان في الدول الأخرى''

10

مصطفى مشهور وحسنى عبد الباقى وأحمد حسنين أعادوا بناء التنظيم الخاص دون علم المرشد

التنظيم الدولى أقدم من مشهور وكان فيه أسماء أهم وأقوى منه بكثير كالقرضاوى والشاوي ومولوي

تجربة إسرائيل تؤكد أن ما ينقصنا ليس التدين بل التكولوجيا!

غياب المشروعية القانونية أكبر نقطة ضعف فى واقع الإخوان ولن تحقق أي شيء فى غيابها

11

لو جمدنا عمل التنظيم سنتين أو ثلاثة أو أربعة مقابل الحصول على المشروعية القانونية.. هذا ليس كثيراً

طرحت على الإخوان أن يوقفوا عملهم السياسى عشر سنوات على الأقل

أدعو لتشكيل لجنة حكماء لحل المشكلة بين الإخوان وبينهم وبين الدولة

كل مشكلات الوطن لا نشارك فيها.. ليست فى أجندتنا أصلاً

الدين سيد على الجميع والناس تشهد بهذا ..ولابد من الحديث عن الخلل الديني في نقاط محددة

القول بأن الشريعة الإسلامية غير مطبقة في مصر ....كذب

نحتاج إصلاح النظام بعمل جراحي... لا هدمه

ردود فعل المتدينين على العلمانيين مبالغ فيها جداً..

لو عومل العلمانيون بالحسنى سيكونون أفضل مما هم عليه

العلمانيون لم يأتوا من كوكب آخر بل من بيوت كبيوتنا ووجودهم إعلامي فقط

رصيد الحركة الإسلامية كلها هو رصيد الإسلام وليس «شطارة» الحركات

أقول للإخوان كيف تدعون أن لكم شعبية بينما إبراهيم الدسوقي يحضر مولده 6 ملايين مواطن؟ وهو ميت

14

وجود التنظيم أصبح عبئًا على الدعوة.. وأؤمن بمنظمات قانونية ذات طبيعة فكرية

رجال الأعمال ومنظمات حقوق الإنسان أكثر نجاحا من الإخوان

لو أسس ألف أو ألفان من الإخوان جمعية خيرية سيكون هذا مؤثرًا أكثر من التنظيم الضخم عشرين مرة

التنظيمات السرية والأموال والمنافسة السياسية لا حاجة إليها

15

العالم الإسلامى لا يحتاج المزيد من الإيغال فى النصوص الدينية بل تفعيلها فى نهضة شاملة

لا يستطيع أحد إصدار قرار بفصلى وأحاكمهم ولا يحاكموننى!!

16

نص الحوار

18

19

الدكتور السيد عبد الستار المليجي قيادي إخواني معروف، وهو من الجيل الذي أعاد بناء الجماعة منذ منتصف السبعينات بعد خروج قيادات الإخوان من السجون والمعتقلات. وهو وجه نقابي معروف شغل منصب الأمين العام لنقابة العلميين، كما كشف حوارنا معه عن دور

قام به في تربية كوادر حزب الرفاه التركي الذي وصل للحكم في تركيا في تسعينات القرن الماضي.

وقد أطلق الدكتور المليجي مؤخراً دعوات مدوية لإصلاح الجماعة كانت مثار جدل كبير.

وهذا نص حواري معه.

21

تجدد الصراع القديم

● **بداية ما الذى يحدث داخل جماعة الإخوان المسلمين الآن؟.**

* ما يحدث هو ما كنا نحذر منه منذ أكثر من 5 سنوات وكنا نتوقعه، وهذا الصراع – الذي كان مكتوماً داخل الإخوان – وصل بنا إلى حد أن فريقاً من الإخوان لم يعد قادراً على السير بالجماعة وفق ما كان مخططاً له.

وبالتالي نحن نستشعر أننا نسير إلى طريق مسدود. والذي دفع الناس ليتكلموا كذلك أن القاعدة الإخوانية تسمع من أذن واحدة هي الأذن "التنظيمية"، وبالتالي صرنا في وقت من الأوقات غير قادرين على توصيل رسالتنا إلى القواعد الإخوانية، ولم يكن هناك مفر من ولا بديل

عن استخدام الإعلام كوسيلة للاتصال
فقط.

● **لكن ما حدود ما يحدث؟**

* هو نفسه الخلاف القديم بين
التنظيم السري وطريقته في العمل وبين
الجماعة وهياكلها المعلنة: المرشد العام
ومكتب الإرشاد والهيئة التأسيسية. مع
ملاحظة أن مكتب الإرشاد الحالي يمثل
التنظيم السري ولا يمثل جماعة الإخوان
وجاء جله بتزوير الانتخابات الإخوانية .

• فهل حدث الاصطفاف والفرز بين الفريقين على أساس الانتماء للتنظيم الخاص من عدمه؟ أم على أساس الانقسام إلى محافظين وإصلاحيين؟

* أنا لا أحب تقسيم الجماعة إلى إصلاحيين ومحافظين لأن الجميع هم من حيث النية يعتبرون أنفسهم مصلحين، فأنا لا أحب هذا التقسيم. وهناك في الحقيقة تنظيم سري قديم له طريقته في العمل وله

عقيدة يؤمن بها مجملها أنهم يؤمنون بإسلامية التنظيم وجاهلية ما عداه.

وهذا التنظيم واجه حتى المرشد المؤسس الإمام الشهيد حسن البنا، وهناك الواقعة الشهيرة التي وصفهم فيها بأنهم **"ليسوا إخوانا وليسوا مسلمين".**

ولو مد الله في عمر حسن البنا لكان أنهى بنفسه هذه المشكلة، لكنه للأسف اغتيل قبل إنهائها. والأستاذ حسن الهضيبي المرشد التالي، رحمه الله، تصدى للتنظيم السري فور توليه المنصب واستطاع أن يصفيه بالفعل، لكن الثورة ـ للأسف الشديد ـ لم تمهله الفرصة لتثبيت

هذه التصفية، وبقيت بذور التنظيم كامنة
في التربة الإخوانية ونبتت عام 1965 في
تنظيم سيد قطب، الذي تحول في هذه
اللحظة التاريخية من مفكر إسلامي
مرموق إلى قائد ميليشيا تستهدف قتل
الرئيس المصري بناءاً على قرار تكفيره
الصادر من التنظيم السري.

وفي مرحلة تالية برزت من كمونها
بعد خروج الإخوان من السجن في وسط
السبعينيات، وكان معروفاً أن التنظيم
السري يجمع صفوفه خلف القضبان. وهذا
ما كتبه بشيء من التفصيل الأستاذ أحمد
رائف.

ونحن لم نكن معهم في السجون،
لكن ثبت تاريخياً أن الإخوان كانوا على
خلاف مع التنظيم السري حتى خلف
القضبان.

جيل السبعينات مخدوعون

• **فما مصادر قوة مجموعة التنظيم السري؟**

* مصادر قوتهم الجديدة هي أن المجموعة التي بنت الإخوان حديثاً ويطلق

عليهم "**مجموعة السبعينات**" التي أخذت من الجماعة الإسلامية لم تكن على دراية كافية بتاريخ هذه الجماعة السرية فخدعت فيها خدعة كبيرة، وسلمت نفسها لها بهدوء على اعتبار أنها لم تستطع أن تفرق بين من هم على الخط الإسلامي الصحيح وبين أصحاب التنظيم السري الذين يحيدون عن خط أهل السنة والجماعة.

● **فهل معنى هذا الازدواج أننا يمكن أن نفاجأ بأحداث تنسب لجماعة الإخوان المسلمين وتحسب عليها بينما هي تمت**

بقرار من التنظيم السري أو من تنفيذه وحده؟

* بالتأكيد.. .. وهذا ما يحدث الآن، خذ مثلاً ما أشيع أنه برنامج لحزب الإخوان، وهو لا يمثل إلا عقلية التنظيم السري وميليشيات الأزهر، فالأزهر جامعة إسلامية والمنتسبون لها يدرسون الدين ولا حاجة على الإطلاق إلى تشكيل منظمة إسلامية فيها.

● الواقعة إذن ليست مختلقة؟

* الواقعة ليست مختلقة.. ..

وفوجئت جامعة الأزهر بوجود مجموعة شباب ملثمين يقومون بممارسة ألعاب رياضية ذات طبيعة عسكرية وثبت أنهم تابعون لإخوان التنظيم السري الجدد.

● **نعود إلى الوضع داخل الجماعة كما أظهرته الأزمة الأخيرة فى مكتب الإرشاد، هل الجماعة فى مفترق طريق أم فى صراع داخلى؟**

* الجماعة الآن في حالة صراع داخلي ولا يوجد مفترق طريق، فطريق الجماعة واضح جداً منذ أنشأها الأستاذ حسن البنا، وما يحدث من التنظيم السري انحراف بالجماعة إلى خط آخر، وهذا الانحراف كان يحدث كثيراً لكن الجماعة كانت في المرات السابقة من القوة بحيث تستطيع أن تكبح جماح هؤلاء وأن تنتصر عليهم.

معركة المرشد والمكتب

- **إذن المشكلة ليست في المرشد؟** المرشد أحد أعضاء التنظيم السري.

- **فهل هناك انتفاضة ضد المرشد أم خلاف معه، وبمعنى آخر هل هو خلاف على المرشد أم خلاف معه؟.**

* ليست انتفاضة ضد المرشد بل خلاف معه في وجهة النظر بينه وبين مجموعة التنظيم السري، وفي الحقيقة فإن المرشد كان أكثر حكمة منهم في إخفاء الوجه القبيح لسيطرة التنظيم السري على الجماعة، فكان يرى أن وجود عصام العريان سيكون غطاءاً جيداً للتنظيم السري، وأنه سيجمل الوجه القبيح الذي استولوا به على مكتب الإرشاد بحيث

أصبح خالصا لهم. لكن مجموعة التنظيم
السري لم يفهموا هذا.

* **هذا يجرنا للسؤال عن تركيبة
مكتب الإرشاد الحالى من
حيث الانتماء للتنظيم السرى؟**

* كل مكتب الإرشاد الحالي وعدده
20 من التنظيم السري باستثناء 2 فقط لا
غير، الدكتور محمد حبيب والدكتور عبد
المنعم أبو الفتوح. وهناك ثالث يشار إليه
دائماً هو الدكتور محمد علي بشر، وهو
بدأ مع التنظيم السري لكنه بمعرفتي
الشخصية به ليس مقتنعا بطريقة التنظيم

السري، وهو شخص معتدل لكنه تورط معهم، وأنا شخصياً – أحسبه كذلك ولا أزكي على الله أحداً – يوثق في تدينه وشفافيته. وهؤلاء الثلاثة هم من يرجى منهم الخير، والبقية كلهم من التنظيم الخاص فكرا وتنظيما وهم إقصائيون. فهم يؤمنون بما يسمى إسلامية التنظيم وجاهلية ما عداه حتى لو كان الإخوان. ومن قناعتاهم أيضاً أن الأمور يجب أن تدور في حلقة مغلقة هي التنظيم السري فقط، وما سوى ذلك ليس سوى غطاء ويمكن الاستغناء عنهم في أي وقت. وهم على مستوى الممارسة سلكوا كل الطرق

غير الإسلامية ليحققوا لأنفسهم هذه السيطرة وبخاصة على الأموال.

- **سنأتي لاحقاً لموضوع الأموال لأنه شديد الأهمية، لكنني أريد المزيد من التفصيلات عن منهج مجموعة التنظيم السري، وبخاصة لجهة الأجندات، فهل هناك خلاف في الأجندات بين جماعة الإخوان والتنظيم**

السري وبخاصة في موضوع العلاقة مع الدولة؟

* مجموعة التنظيم السري لا يثقون مطلقاً في العمل المؤسسي ولا القانوني ولا الحزبي ولا السياسي، وما زالوا يتصورون أنه يمكن التغيير بالطريقة القديمة من خلال تمدد التنظيم تحت الأرض بالحجم الذي يمكنه إن اصطدم بالدولة أن يغلبها. وهذه المجموعة يتحينون حتى الآن فرصة لم تأت منذ ثمانين عاما!!!.

فهم ينتظرون أن تضعف الدولة وينقضون عليها، ونحن نرى هذا الشكل

غير ممكن، حتى ما حدث في إيران كان شكلا آخر، ودراسة التاريخ المصري تقول إن هذا غير ممكن في مصر. بالإضافة إلى أننا كنا نتمنى أن تبقى جماعة الإخوان – كما بدأت – على مسافة واحدة من الحاكم والمحكوم، بوصفها جماعة دعوة وتخريج، دورها تقديم أفراد صالحين للمجتمع، ليصلحوا المؤسسات، لكن دخول الإخوان في احتكاك سياسي مباشر، هذا ليس شأنهم.

42

فصل الدعوي عن السياسي

- هل أفهم من هذا أنك تنادي مثل آخرين بفصل الدور الدعوي للإخوان المسلمين عن دورهم السياسي؟ ومن

الذي كان يحرك مشروعات الأحزاب داخل الجماعة من مشروع حزب الأمل للناشط النقابي الإخواني محمد السمان إلى حزب الوسط الذي تقدم بأوراقه أبو العلا ماضي؟.

* كان يحرك الأمور أفراد آمنوا بضرورة فصل العمل الدعوي عن العمل السياسي، داعين إلى أن يسير العمل السياسي في الإطار القانوني الذي حدده له الدستور، وهو إنشاء حزب، على ألا يسمى حزب الإخوان، فهو حزب مصري

عادي قد تكون له مبادئه في إطار الشريعة والأخلاق والقيم الإسلامية، وهذا شأن المصريين جميعاً، أي كمرجعية، وهي مرجعية لا يستطيع أن يتنكر لها أي مصري سواء كان في الإخوان أو لا.

وكنا قد وصلنا إلى الدرجة التي جعلتنا نتخذ قرارين في مجلس شورى الإخوان المنعقد في يناير 1995 – وهو أول مجلس شورى ينتخب مكتب إرشاد – الأول انتخاب مكتب الإرشاد والثاني إنشاء حزب سياسي لفصل العمل الدعوي عن السياسي.

ونحن دخلنا السجن فور هذا المجلس، أنا دخلت في أكتوبر 1995، والمجموعة التي بقيت باشرت تنفيذ القرار، مجموعة أبو العلا ماضي. فكان هذا التنفيذ هو التصرف المشروع ولم يكن ينبغي الوقوف في وجهه أبدا، لكن التنظيم السري وقف ضده لأنه ليس له مصلحة في أي عمل قانوني.

● **لكن هذا يعني أن اعتماد آلية الانتخابات تؤدي إلى تنحية المتشددين؟**

* تماماً.. ..رغم أننا ندرك الآن أن الانتخابات تم تزويرها وبذل جهد كبير من جانب التنظيم السري لحرفها عن مضمونها، حتى أنها تكاد تكون مزورة تماما، لكن التربة الإخوانية في ذلك الوقت كانت ما زالت جيدة من آثار حرث وغرس ورعاية الأستاذ عمر التلمساني رحمه الله، فاستطاعت اتخاذ القرار وكان هو أيضا في حياته قد مهد لهذا وباشر عمل أول برنامج لحزب إصلاحي، لكنه لم يخرج للنور آنذاك.

وقد كتبنا في وسط الثمانينات برنامج حزب وأعلنا الدكتور عبد المنعم

أبو الفتوح مسئولاً عن المؤسسين فيه، وقمنا بعمل التوكيلات بالفعل لتأسيسه، وأنا شخصياً قمت بتوكيل أنا وزوجتي وآخرين.

فالفكرة كانت ناضجة من عهد الأستاذ عمر التلمساني، كما كان هناك ميل لتأسيس جمعية خيرية للإخوان.

- **إذن هناك ردة تنظيمية وفكرية حدثت بعد عهد الأستاذ عمر التلمساني؟.**

* حدثت ردة كبيرة والرجل لم يزل
في ثلاجة الموتى.

50

الردة بعد التلمساني

● فهل حدث بسبب هذه الردة وهذا الازدواج التنظيمى بين الجماعة والتنظيم السرى أن أصبح هناك مرشد سرى وآخر علنى؟

* لم يكن هناك مرشد سري بل كان هناك رئيس تنظيم سري، لكنه لم يعلن نفسه مرشداً، وبدأ هذا مع الحاج مصطفى مشهور رحمه الله. وأنا من أكثر الناس معرفة بالرجل لأنني بدأت العمل معه منذ مارس 1975 ضمن تنظيمه الذي لم يعلن لي أبدا أنه تنظيم غير تنظيم الإخوان المسلمين، لكنني اكتشفت هذا في أثناء سفره!!

● **اسمح لي أن أتوقف عند هذه النقطة، إذن مصطفى مشهور كما عايشته عن قرب أسس**

تنظيماً سرياً داخل جماعة الإخوان؟

* بالتأكيد.

• فما حدود هذا التنظيم السري الذي أنشأه مصطفى مشهور؟ ما ملامحه؟

* هذا التنظيم كان يدين بالولاء له شخصياً ولا يدين بالولاء للمرشد العام الأستاذ عمر التلمساني، والأستاذ مصطفى مشهور كان يقصر حركتنا دائما بعيدا عن مكتب الإرشاد والمترددين عليه.

- **فهل كان الانفصال مقصوراً على الجانب التنظيمي والولاء الشخصي أم كان هناك أجندة خاصة؟**

* كان هناك أجندة خاصة في العمل بالتأكيد، ونحن لم يسمح لنا أصلاً بالاطلاع على أجندات الآخرين ورؤاهم، وكان مشهور يحبسنا داخل إطاره وكان يحذرنا بشدة لقاء أشخاص مثل الأستاذ فريد عبد الخالق مثلا. وهذا هو الأسلوب الذي يتبعه الآن التنظيم السري: تصنيف الناس ومنع أعضائه من سماع الآخرين،

وبالتالي نشأنا لا نعرف إلا مصطفى مشهور. أما في سفره بعد اغتيال السادات فبدأنا نكتشف أن هناك إخواناً آخرين، قيادات عظيمة وضليعة في فهم الدين وخدمة الدعوة، وتعرفنا منهم على تاريخ آخر غير التاريخ الذي حكي لنا.

• فهل تنظيم مصطفى مشهور ما زال قائماً؟

* نعم.. ..وهو التنظيم الذي يستولي على مكتب الإرشاد، وهذا التنظيم استمرار للتنظيم القديم، مع التخلي – مؤقتاً – عن فكرة السلاح، لكن الأفراد الذين

أسسوه هم التنظيم القديم، وفكرة الجاهلية
كما هي، وفكرة تكفير الآخر كما هي،
وهناك أيضاً فكرة أننا في دولة غير
إسلامية، وبالتالي يجب علينا أن نقضي
على مؤسساتها، وألا نكون خلية حية فيها،
وهذا التعبيرات موجودة في أدبياتهم:

"لا تكن خلية حية في جسد
تبتغي هدمه"!!

وبالتالي أنت ضد الجسد الوطني،
وأنت شيء وهم شيء آخر.

لعبة التنظيم الدولى

- وهذا يؤدي إلى عزلة تكون فى حدها الأدنى شعورية وفى حدها الأقصى عزلة فعلية؟

هي عزلة شعورية وفعلية معاً. ولو لاحظت تاريخ الإخوان وقارنته بالتاريخ الوطني العام ستجد أن جماعة الإخوان المسلمين، رغم أنها جماعة عالية الصوت، إلا أنها في الحقيقة لم تشارك في أي عمل وطني مرموق وذلك بسبب التصرفات المجنونة للتنظيم السري من وراء ظهر جماعة الإخوان.

- **سنأتي إلى موضوع علاقة الوطني بالديني عند الإخوان، لكنني أريد التوقف مع دور مصطفى مشهور في التنظيم**

الخاص وتأثير هذا التنظيم الآن؟

* مصطفى مشهور تحديداً كان يجيد أن يسير في الطرقات الصعبة وكان من مؤهلاته الحذر والكتمان، وهو قال لي نصا:

"لعبة التنظيم الدولي مجرد وسيلة لكي أستطيع الوصول إلى الجيل التالي من الإخوان في الدول الأخرى".

وهو نفسه لم يكن مقتنعاً بفكرة التنظيم الدولي. ومصطفى مشهور كان طموحه كبيراً لأنه أراد تصدير فكره

للأجيال الجديدة من الإخوان، بالضبط كما استطاع أن يستحوذ علينا نحن جيل الحركة الإسلامية في السبعينات، وكان يطمح إلى الاستحواذ على مجمل الحركة الإسلامية في العالمين العربي والإسلامي.

ورغم أنني أقدر الأستاذ مصطفى مشهور رحمه الله إلا أن الحقيقة أن طموحه لإنجاز هذا منفردا دون استشارة الآخرين والاستماع لهم كانت نقطة ضعف فيه.

والشيء الثاني أنه كان يكن عداء شديدا لمن اختلفوا معه من رجال ثورة يوليو وحكوماتها، ورجل الدعوة يجب أن

يكون متسامحاً، وأن يغلب المصلحة
العامة على الخصومات، وأيضاً لابد أن
يضع نفسه في موضع الآخرين. وأي
شخص في مكان جمال عبد الناصر
ويكتشف أن هناك مجموعة تقيم تنظيماً
لاغتياله بالتأكيد سيكون رد فعله شرساً.

**● فأين موقع منصب المرشد مع
وجود التنظيم السري
وسيطرته؟**

* منصب المرشد كان دائما مطمعا
للتنظيم السري وأول شيء اقترحوه بعد
الخروج من السجن في السبعينيات أن

يكون هناك مرشد سري ومرشد علني، والإخوان رفضوا هذا رفضاً قاطعاً، ومع ذلك لم يستجب التنظيم السري، وشرع في العمل فور انتهاء الاجتماع.

كان عدد المجتمعين 50 – 60 من كبار الإخوان الذين خرجوا من المعتقلات ورفضوا هذا الشكل تماماً، ورفضوا أيضاً ما طرحه الأستاذ محمود عبد الحليم، وهو أن تطوى تماماً صفحة الإخوان المسلمين وأن تؤسس شركة للنشر تدعو الشباب لفكر الإخوان دون تنظيم، وأن يشارك من يتربون على هذه الأفكار في مؤسسات

الدولة بطريقة عادية جداً. ورفضت هذه الفكرة أيضاً.

وتم الاتفاق على اختيار الأستاذ عمر التلمساني مع الاتفاق على الشفافية، وبدأ التلمساني يختار مجموعة من المساعدين وكان شكلاً بسيطاً للغاية. لكن مصطفى مشهور وحسني عبد الباقي وأحمد حسنين رحمه الله وبقية مجموعة التنظيم السري القديم باشروا العمل بعد الاجتماع بالمخالفة لقرار المجتمعين تأسيس تنظيم سري.

ومن 1975 حتى اغتيال السادات كان هذا التنظيم يباشر جمع الشباب تحت

مسمى الإخوان ولا يقول لهم إنهم في تنظيم خاص، وكان ولاء هؤلاء بنسبة مائة بالمائة لمصطفى مشهور فقط لا غير.

وبسفر مصطفى مشهور خارج مصر قبل اغتيال السادات استمر يعمل في الخارج وانفتح على الإخوان في العالم.

نجوم التنظيم الدولي

● **فكيف كانت العلاقة بين الإخوان في الداخل والخارج قبل مصطفى مشهور؟**

* أولاً، ليس صحيحاً أن مصطفى مشهور أسس التنظيم الدولي للإخوان

المسلمين، التنظيم الدولى أقدم من ذلك، ومصر في العهد الناصري كانت معزولة تماما عن إخوان الخارج. من ناحية أخرى هناك أسماء في التنظيم الدولي أهم وأقوى بكثير من مصطفى مشهور كان منهم الشيخ الدكتور يوسف القرضاوي والدكتور توفيق الشاوي والشيخ فيصل مولوي في لبنان وآخرون.

- **فإلى أي مدى كان حزب الرفاه ورئيسه نجم الدين أربكان أو حركة حماس الآن جزءاً من بنية الإخوان؟**

وكيف يمكن أن تؤثر في قرارها؟

* حماس إخوانية التوجهات العامة. أما أربكان فكان يختلف عن الإخوان تماما، لكنه عندما توسع في عضوية حزبه استشعر الحاجة إلى تربية القاعدة فأراد أن يتعرف على طريقة الإخوان في تربية القواعد، وهناك كان يوجد في تركيا واحد من أخلص الناس للعمل الإخواني هو الأستاذ مصطفى طحان وكان رئيساً لمنظمة طلابية إسلامية عالمية.

كان مصطفى طحان قد تعلم في استنبول ويجيد التركية ولعب دورا كبيراً

في بناء الجسر بين الإخوان وأربكان، وبدأنا نعمل دورات لأعضاء من حزبه في التنظيم وكيفية إنشاء أقسام متخصصة للطلبة والمهنيين وما إلى ذلك.

وأنا شخصياً وضعت لهم كتابا عنوانه: "**استكمال البنيان بالعلم والإيمان**"، كان فيه دورات تدريبيبة وطبع في تركيا.

- **<u>فما حدود التأثير والتأثر بين الإخوان وحركة حماس مثلاً؟.</u>**

* الآن لا تأثير....وجماعة الإخوان الآن بينها وبين حماس شبه انقطاع بل إن صلة حماس بالدولة المصرية الآن أقوى.

● **فهل كان الحديث عن إمارة إسلامية على حدود مصر في ظل علاقة الصدام بين الدولة والإخوان صحيحاً أم مغلوطاً؟**

* في وجود التنظيم السري متحكماً بمكتب الإرشاد يصبح هناك خطر بالتأكيد، لأن التنظيم السري ما زال لديه هاجس التسلح، وبخاصة أن غزة بقعة

مسلحة. لكن الدولة المصرية تعرف جيداً كيف توقف هذا.

• فما مدى أهمية الكلام عن وجود نائب للمرشد خارج مصر.

* كل هذا من قبيل الترضية والتضليل ، وإذا كنا نحن في داخل مصر غير قادرين على هضم ما يجري داخل الإخوان، فما بالك بإخوان الخارج؟!!

المشروعية أولاً

- تحدثت كثيراً عن قضية المشروعية القانونية للجماعة وأهميتها، فإلى أي حد ترى أنه يجب تقديم

تضحيات للحصول على هذه المشروعية؟

* غياب المشروعية القانونية أكبر نقطة ضعف في واقع الإخوان، ولن تحقق أي شيء في غيابها، وفيما يتصل بموضوع التضحية أقول: لو جمدنا عمل التنظيم سنتين أو ثلاثة أو أربعة مقابل الحصول علي المشروعية القانونية، هذا ليس كثيراً، وليس تضييعاً للوقت، بل هو من أفضل الأعمال.

ويستكمل هذا بالمشروعية التنظيمية التي تضمن بقاء الإخوان حصناً

للجميع حتى لا تحدث انشقاقات وتشاتمات كما يحدث الآن في الصحافة.

هذا السيناريو خاص بالمرحلة، وإذا لم نحصل علي أي من الهدفين فهناك عروض كثيرة مقدمة للإخوان، منها أن يوقفوا عملهم السياسي عشر سنوات علي الأقل، وأنا طرحت عليهم في النهاية أن تنتدب الجماعة لحل أزمتها لجنة من الإسلاميين المحترمين المشهود لهم بالحكمة والحب للإخوان والحب لمصر، ثم نرتضيها كحكم بين الجميع، بينا وبين بعضنا وبيننا وبين الدولة، ونلقي إليها أوراقنا، هذا سيكون فيه حل جيد يخرج

بالإخوان من أزمتهم إلي شاطئ الأمان،
بغير هذا ستبقي الإخوان علي "رصيف
الوطن".

● **ماذا تقصد بأنهم على رصيف**
الوطن؟

الإخوان الآن لا يشاركون في أي
عمل وطني مهم، فنحن لا نشارك في
شيء تنموي ولا تكنولوجي، وكل
مشكلات الوطن لا نشارك فيها، بل إنها
ليست في أجندتنا أصلاً.

● **إذن أن تعود إلى قضية أن وقف الحركة كلها حتى يمكن تغيير النظام هي الخلل الأساسي؟**

* هل خلل كبير جداً، وما الذي يريدون تغييره في النظام؟ والنظام لا يتغير بهذه الطريقة، ورجال الأعمال غيروا النظام أكثر من الإخوان.

● **وماذا عن القضايا المعلقة وفى مقدمتها علاقة الدين**

بالدولة والمرجعية الإسلامية؟

* القضايا أصلاً يتم طرحها بطريقة خاطئة تماماً، فالدين سيد علي الجميع والناس تشهد بهذا، لكن لابد من الحديث عن الخلل الديني في نقاط محددة، فمثلاً من يقول إن الشريعة الإسلامية غير مطبقة في مصر، هذا كذب وأنا ذهبت لجامعة الأزهر ودرست 5 سنوات الشريعة والقانون لأعرف حقيقة هذه الدعوى ولأعرف أين الخلل، ووجدت المسافة بين الشريعة والقانون محصورة

في 5 أو 6 قوانين لا أهمية لها والمجتمع لا يعمل بها، الزنا والخمر وما إلي ذلك.

وهي قوانين وضعت في وقت كانت مصر مفتوحة فيه علي الأجانب. والمفروض أن نولي عملاً محدداً لتغير هذه القوانين بدلاً من القول بأن الشريعة الإسلامية غائبة. هذا تخريف. إذن لابد من تحديد الخلل في النظام والعمل علي إصلاحه تحديداً.

● **إذن أنت تسعى إلى عمل جراحي لا إلى هدم النظام؟**

* نعم.. بالضبط عمل جراحي، وبالتالي يطمئن النظام والمجتمع.

● **فماذا عن العلمانيين وبخاصة المغالون منهم؟**

* ليس لهم وزن، وبالتحديد من ينكرون الدين، ولا يجب الالتفات إليهم.

● **إذن أنت ترى أن ردود فعل المتدينين عليهم طبيعة أم مبالغ فيها؟**

* مبالغ فيها جداً.. وهم أناس لو عوملوا بالحسنى سيكونون أفضل مما هم عليه، ومن أسباب علمانيتهم ردود الفعل التشنجية إزاءهم، لأن الإنسان يبحث عن الحرية، والحرية أعلى قيمة، فإذا تعرض للترهيب في تفكيره كشأن شخصي عبر محاولة إلزامه بطريقة تفكير أخرى، من المتوقع أن يشذ عنك ويعاديك.

• واضح أنك إذن تدعو لمرحلة من بناء الجسور بشكل عام: مع الدولة ومع العلمانيين ومع الحركة الوطنية؟

* نعم.. وهؤلاء جميعًا إخواننا، والعلمانيون لم يأتوا من كوكب آخر بل من بيوت كبيوتنا، وربما يخرج علماني من بيت إخواني إذا رأى ما يصدمه من مخالفات لقوانين الحرية والحوار. فنحن نغالي في وزن العلمانيين في مصر.

وأعتقد أن وجودهم إعلامي فقط وليس لهم شعبية، هل لهم منظمات؟ لا توجد. وهذه بلد متدينة بطبيعتها. وللأسف الشديد فإن رصيد الحركة الإسلامية كلها هو رصيد الإسلام وليس "شطارة" الحركات.

ولذلك أن أقول للإخوان كيف تدعون أن لكم شعبية بينما إبراهيم الدسوقي أكبر إذ يحضر مولده 6 ملايين مواطن؟ وهو ميت.

• فهل تعتقد أن وجود التنظيم أصلاً أصبح عبئًا على الدعوة؟

* ولم يعد لها لزوم. وأنا أؤمن الآن بمنظمات قانونية ذات طبيعة فكرية تنشر فكرًا عن طريق الطباعة والنشر وما إلى ذلك. والنموذج الذي أراه ناجحًا منظمات حقوق الإنسان، وهى وصلت بعملها خلال

السنوات العشرين الماضية له أن تلزم الدول بقوليتها، والهياكل التنظيمية أصبحت عبئًا. ولو أن الإخوان جمعوا ألفًا والفين وقدموهم لتأسيس جمعية خيرية إسلامية وقالوا هؤلاء هم وحدهم الإخوان سيكون هذا مؤثرًا أكثر من التنظيم الضخم عشرين مرة.

ولابد لهذا أن يتم التخلص نهائيًا من فكرة الانقضاض على المرحلة، والجيش كله إخواننا وأبناء عمنا، والشرطة فى كل بين تقريبًا ابنى فى الشرطة، فعلى من يريد هؤلاء أن ينقضوا؟ أخ أو ابن أو عم.

والدور الفاعل التذكير بالعمل الصالح وبأيام الله وتحسن الحالة الإيمانية للمجتمع وهذا ميسور. أما التنظيمات السرية والأهوال والمنافسة السياسية فلا حاجة إليها. كل هذا يعطل المهمة الأساسية.

- **فهل تعتقد أن تجربة أردوغان فى تركيا يمكن أن تكون نموذجًا وهى أكبر انفتاحًا وقبولاً للآخر؟**

* رجب أردوغان أنا أعرفه معرفة جيدة واتصلت به كثيرًا منذ كان محافظًا لآستنبول وهو أكثر تدينًا من الإخوان،

ومواقفة أوضح وأكثر تأثيرًا فى القضايا الدولية. وهذا نموذج جيد. فالعالم الإسلامى اليوم احتياجاته الحقيقية لا تمثل فى المزيد من الإيغال فى النصوص الدينية بل تفعيلها فى نهضة شاملة. فهل إسرائيل أكثر منا تدينًا؟ لكنها أكثر منا تكنولوجيا، إذن نقطة ضعفنا واضحة وهى ليست التدين بل امتلاك القدرة التكنولوجية، والقدرة العلمية هى الفارق بيننا وبين الغرب وليس التدين.

* <u>**فى النهاية هل مازلت عضوًا**</u>
<u>**بالجماعة؟**</u>

* نعم.. لأنها مخزن خير.. وسأبقى
إن شاء الله.

● **أقصد أنه لم يصدر قرار
بفصلك رغم كل انتقاداتك
اللاذعة؟**

* ولا يستطيع أحد إصداره... وأنا
أحاكمهم ولا يحاكمونني!!

وانتهى الحوار